AF542316

LES FESTES DE L'HIMEN ET DE L'AMOUR;

OU

LES DIEUX D'EGYPTE,

BALLET HÉROÏQUE

Donné à Verſailles le quinze Mars 1747.

Et Repréſenté pour la premiere fois

PAR L'ACADEMIE ROYALE DE MUSIQUE,

Le Mardi 5 Novembre 1748.

PRIX XXX. SOLS.

AUX DEPENS DE L'ACADEMIE.

On trouvera les Livres de Paroles à la Salle de l'Opera & à l'Academie Royale de Muſique, rue S. Nicaiſe.

M. D.C.C. XLVIII.

AVEC APPROBATION ET PRIVILEGE DU ROY.

LES FESTES
DE L'HIMEN
ET DE L'AMOUR
OU
LES DIEUX D'EGYPTE.

Le Poëme est de M. DE CAHUSAC.
La Musique de M. RAMEAU.
La Danse de M. LAVAL, *Compositeur des Ballets du* ROI.

ACTEURS CHANTANS

Dans les Chœurs.

CÔTE' DU ROI.		CÔTE' DE LA REINE.	
Mesdemoiselles.	*Messieurs.*	*Mesdemoiselles.*	*Messieurs.*
Dun.	Lefebvre.	Cartou.	S. Martin.
Tulou	Le Page C.	Masson.	Le Mesle.
Delorge.	Laubertie.	Gondré.	Bellanger.
Larcher.	Fel.	Rôllet.	Levasseur.
Cazeau.	Bourque.	Delâtre.	Belot.
Rosalie.	Duchênet	Lablotiere.	Chapotin.
Le Tourneur	Rochette.	Daliere.	Favier.
Duperey.		Victoire.	
Grimiaux.	Gratin.	Hery.	Le Roy.
		Folliot.	

L'Auguſte Mariage pour lequel ce Ballet a été repreſenté, rendoit neceſſaire le Prologue qui le precede. C'eſt un Epithalame en action, qui prepare, par la réunion de L'HIMEN ET DE L'AMOUR, les trois Entrées qui le ſuivent.

Dans la *Premiere*, ces Dieux aimables triomphent de la ferocité d'un peuple ſauvage. L'AMOUR l'éclaire. L'HIMEN le rend heureux.

Une Nimphe digne de ſon bonheur, ſaiſit dans la *Seconde*, ces momens délicieux que l'Amour ſeul peut faire naître, pour déſarmer la colere d'un Dieu terrible : Elle obtient la grace de ſa Patrie, qu'un zele aveugle avoit rendue coupable, & l'Himen qui l'unit à l'Amant qu'elle adore, eſt une ſource éternelle de bienfaits pour ſes Concitoyens.

Dans la *Troiſiéme* enfin, L'HIMEN eſt l'Objet & le prix des Jeux célébrés en l'honneur de la Déeſſe ISIS. Ils deviennent la fête de L'HIMEN, la récompenſe des Talens, & le bonheur de L'AMOUR.

ACTEURS DU PROLOGUE.

L'AMOUR, Mlle Coupée.

L'HIMEN, Mlle Romainville.

UN PLAISIR, Mr Poirier.

GRACES,
PLAISIRS,
JEUX & RIS, } *de la* SUITE DE L'AMOUR.

VERTUS, *de la* SUITE DE L'HIMEN.

PERSONNAGES DANSANS.

LES GRACES.

Mlles. Carville, Courcelle, S. Germain.

JEUX ET PLAISIRS.

Mrs. Laval, Laurent, le Lievre, Bourgeois.

Mlles Puvignée, Dazenoncourt, Himblot, Briſeval.

VERTUS.

Mlles Minot, Beaufort, Thierry, Sauvage.

LES FESTES DE L'HIMEN ET DE L'AMOUR, OU *LES DIEUX D'EGYPTE.*

PROLOGUE.

Le théâtre représente le Palais de L'AMOUR *: ce Dieu est placé sur un trône de fleurs : Il est sans armes, & il paroît plongé dans une profonde tristesse. Les Graces, les Jeux, les Ris, & les Plaisirs s'empressent autour de lui.*

SCENE PREMIERE.

L'AMOUR, UN PLAISIR, LES GRACES, JEUX, RIS ET PLAISIRS.

UN PLAISIR.

DIEU charmant, essuyez vos pleurs;
Les peines de l'amour font le malheur du monde.
Les Jeux, les Plaisirs enchanteurs
Ne pouront-ils calmer votre douleur profonde?

UN PLAISIR, ET LE CHœUR.

Dieu charmant, eſſuyez vos pleurs ;
Les peines de l'amour ſont le malheur du monde.

PREMIER BALLET FIGURÉ.

Les GRACES *s'efforcent de conſoler* L'AMOUR : *Sa triſteſſe continue, elles quittent leurs parures & tous leurs ornemens qu'elles dépoſent aux pieds de* L'AMOUR.

L'AMOUR.

Mon trop juſte dépit ne peut plus ſe calmer ...
Eloignez-vous Plaiſirs, ceſſez de me contraindre.

UN PLAISIR.

Le Deſtin en couroux doit-il vous allarmer ?
Qu'a-t'on a craindre
Quand on a le don de charmer ?

L'Envie a beau s'armer
Elle eſt forcée à feindre.

Qu'a-t'on à craindre
Quand on a le don de charmer ?

Un regard ſuffit pour éteindre
La haîne prête à s'enflâmer.

Qu'a-t'on à craindre
Quand on a le don de charmer ?

LE BALLET FIGURÉ continue.

UN PLAISIR.

Dans les ennuis, dans les allarmes,
Eh! Pourquoi consumer vos charmes,
Quand tout vous presse d'en jouir?

Vos beaux yeux ne doivent s'ouvrir
Qu'à ces délicieuses larmes,
Qu'arrache à la tendresse un excès de plaisir.

L'AMOUR.

Je perdrois toute ma puissance!
L'Amour reconnoitroit des loix!..
Un Rival, à mon char enchaîné tant de fois,
Me verroit à son tour sous son obéissance!..

UN PLAISIR, ET LE CHOEUR.

Dieu charmant, &c.

L'AMOUR.

Cruel Destin! Quel arrêt rigoureux!..
A l'Himen, il est vrai, j'ai declaré la guerre,
Il régnoit en tiran sur des cœurs malheureux:

Ma victoire a comblé leurs vœux.
Destin, tu me punis du bonheur de la terre.

On entend une Symphonie brillante.

L'AMOUR, ET LE CHŒUR.

Quels sons brillans font retentir ces lieux!..

L'AMOUR.

Ciel! c'est l'Himen!

SCENE II.

L'AMOUR, L'HIMEN, SUITE DE L'AMOUR; VERTUS DE LA SUITE DE L'HIMEN, *qui portent les armes & le flambeau de* L'AMOUR.

L'HIMEN.

Fuyez, fuyez sombre tristesse,
Laissez regner les Jeux dans cette aimable Cour,

A L'Amour.

Connoissez toute ma tendresse.
Je ne veux employer le pouvoir qu'on me laisse
Qu'à faire triompher l'Amour.

Fuyez, fuyez sombre tristesse,
Laissez regner les Jeux dans cette aimable Cour.

L'AMOUR.

Qu'entens-je ! O Dieux ! . .

L'HIMEN.

Nos cœurs sont ils faits pour la haine ?
Le Destin m'abandonne un pouvoir glorieux :
Qu'il soit égal entre nous deux.
Ma puissance pour moi deviendroit une peine,
Si l'Amour étoit malheureux.

L'AMOUR, à l'Himen.

C'en est fait, ma haine expire.

ENSEMBLE.

Je ne vivrai plus que pour vous.

L'HIMEN.

J'ai soumis à mes loix deux augustes Epoux,
Leur bonheur est l'objet des vœux d'un vaste Empire,
Et l'Univers l'attend de nous.

ENSEMBLE.

Réunissons notre puissance,
Pour embellir ces nouveaux nœuds.

L'HIMEN.

Lancez, lancez vos traits.

L'AMOUR.

Faites briller vos feux.

ENSEMBLE.

Qu'auprès d'eux les plaisirs enchaînent la constance.
Par nos soins à les rendre heureux,
Signalons notre intelligence.

L'AMOUR.

Volez Plaisirs, célébrez ce beau jour,
Volez, parez l'Himen, qu'il soit toujours aimable.
Pour rendre notre accord durable,
Vertus qui le suivez, ne quittez plus ma Cour.
Volez Plaisirs, célébrez ce beau jour,
Volez, parez l'Himen, qu'il soit toujours aimable.

SECOND BALLET FIGURÉ.

Les VERTUS rendent à L'AMOUR son arc, son carquois & son flambeau. Les GRACES & les PLAISIRS vont reprendre leurs parures. Les Graces parent L'HIMEN ; L'AMOUR lui donne deux fleches dorées, & ils troquent de flambeau. Les Plaisirs parent les Vertus de Guirlandes de fleurs ; ce Balet finit par l'union de l'Amour, des Graces & de l'Himen, des Plaisirs & des Vertus.

L'AMOUR, a l'Himen.

Qu'on ne trouve dans l'univers
Que des Epoux heureux, & des Amans fideles.

L'HIMEN.

Ne vous servez plus de vos aîles.

L'AMOUR.

Sous mille fleurs, cachez vos fers.

ENSEMBLE.

Qu'on ne trouve dans l'univers
Que des Epoux heureux, & des Amans fideles.

CHŒUR.

Regnez, offrez-vous aux mortels
Sous des formes toujours riantes.
Que vos images triomphantes
Brillent sur les mêmes autels.

FIN DU PROLOGUE.

PREMIERE ENTRÉE.

OSIRIS.

OSiris étant né bienfaiſant & amateur de la Gloire, aſſembla une grande armée dans le deſſein de parcourir la terre, pour y porter toutes ſes découvertes.... Lorſqu'il paſſoit par l'Ethiopie, on lui préſenta des Satyres... Oſiris aimoit la joie, & prenoit plaiſir au chant & à la danſe. Il avoit avec lui une troupe de Muſiciens, & neuf filles inſtruites de tous les Arts. Ainſi, Oſiris voyant que les Satires étoient propres à chanter, à danſer & à faire toutes ſortes de jeux, il les retint à ſa ſuite. Car d'ailleurs il n'eut pas beſoin de vaquer beaucoup aux exercices Militaires, ni de s'expoſer à de grands perils, parce qu'on le recevoit partout comme un Dieu, qui portoit avec lui l'abondance & la felicité.* DIODORE de Sicile, Livre I. Sect. Ire, Art. 9 **

On a imaginé qu'un Peuple inſtruit, reſpirant l'amour & le plaiſir, mis en ſcene avec un Peuple d'Amazones ſauvages, pouvoit produire un contraſte

* DIODORE & les autres Auteurs les appellent *les Muſes*; ce ſont en effet les neuf Filles à qui les Grecs ont donné ce nom.

** On ſe ſert de l'élegante Traduction de M. l'Abbé TERASSON.

agréable. L'exiſtence, au reſte (au même tems où vivoit Oſiris) d'un peuple d'Amazones telles à peu-près qu'on les a peintes dans cette Entrée, eſt ſuffiſamment juſtifiée par la Fable, & même par quelques Hiſtoires. *

On a pris les principaux traits du caractere d'Oſiris, de ces Vers charmans de Tibule : **

Primus aratra manu ſolerti fecit Oſiris,
Et teneram ferro ſollicitavit humum ....
Non tibi ſunt triſtes curæ, nec luctus Oſiri :
Sed chorus, & cantus, & levis aptus amor :
Sed varii flores, & frons redimita corymbis,
Fuſa, ſed ad teneros lutea palla pedes,
Et tyriæ veſtes, & dulcis tibia cantu,
Et levis occultis conſcia ciſta ſacris, &c.

* Diod. Liv. 2. Art. 26 & 27, & Liv. 3 Art. 33.

** Tibule, Liv. 1. Elegie 8.

ACTEURS CHANTANS.

OSIRIS, M. Jeliote.

ORTHESIE, *Reine d'un Peuple d'Amazones sauvages.* Mlle Chevalier.

MYRRINE, *Amazone sauvage.* Mlle Gondré.

Suites d'Osiris, d'Orthesie, de Myrrine.

PERSONNAGES DANSANS.

JEUNES EGIPTIENS ET EGIPTIENNES, Representans le Printems.

Mlle Puvignée, F.

Mrs Dupré, F. Barrois.
Mlles Derfeuille, Chevrier, Masson, Hutte.

MOISSONNEURS, représentans l'Eté.

Mrs Hamoche, Mion, Matignon, Dumay.
Mlles S-Germain, Courcelle, Thiery, Minot.

SATYRES, representans l'Automne.

Mr Lany.

Mrs Laval, Dupré, Feuillade, Caillé, le Liévre, Laurent.

MUSES.

Mlle Dallemand.

Mlles Belnot, C. Parquet, Devaux, Amedée.

SAUVAGE ET SAUVAGESSES.

Mr Dumoulin, Mlle Camargo.

Mlles Dazenoncourt, Beaufort, Belnot, L. Belnot, C.

PREMIERE

PREMIERE ENTRÉE.

OSIRIS.

Le théâtre repreſente d'un côté des Rochers, de l'autre des arbres mal arrangés, les uns ſont ſans tige, les branches de quelques autres tombent juſqu'à terre.

Dans la perſpective, des rochers & l'entrée de pluſieurs cavernes.

SCENE PREMIERE.

ORTHESIE, MYRRINE.

MYRRINE.

IL faut vaincre, ou ſubir un honteux eſclavage.
Reine, ces mortels odieux
Oſent braver notre courage,
Ils vont reparoître en ces lieux...
C'eſt du nom d'Oſiris, leur chef audacieux,
Qu'ils font retentir le rivage.

ORTHESIE.

Myrrine, entendois-tu ſes perfides diſcours ?...

Que ces Mortels ſont redoutables !
Mon bras à mon repos doit immoler leurs jours.

Par des ſermens inviolables,
J'ai promis à nos Dieux d'en terminer le cours...

Que ces Mortels ſont redoutables !
Mon bras à mon repos doit immoler leurs jours.

MYRRINE.

Ce ſexe ambitieux n'aſpire
Qu'à l'honneur de nous aſſervir ;
Et c'eſt pour uſurper l'empire
Qu'il feint de vouloir obéir.

Il regnoit en ces lieux, l'eſclavage & les larmes
Etoient le prix de nos appas.
Nos meres en courroux par un juſte trépas,
Vengerent les Dieux & nos charmes.

CHŒUR D'AMAZONES sauvages, derriere le théâtre. ORTHESIE, MYRRINE, & leurs SUITES s'y joignent.

Aux armes... Courons aux armes.
Haine implacable, arme nos bras.

Pendant ce CHŒUR, les AMAZONES sauvages armées viennent en foule sur le théâtre.

OSIRIS arrive en même tems, avec une suite nombreuse.

SCENE II.

OSIRIS, ORTHESIE, MYRRINE, Suite D'OSIRIS, AMAZONES ſauvages.

OSIRIS,

N'Ecouterez-vous que la haîne,
Quand je viens vous offrir la paix ?
Que craignez-vous charmante Reine ?
On n'a point d'ennemis quand on a tant d'attraits,
Et c'eſt l'Amour qui vous améne
Des cœurs ſoumis, & de nouveaux ſujets.

Que craignez-vous, charmante Reine, &c.

ORTHESIE.

Témeraire, crains mon couroux...
Fui..Nos Dieux & nos loix de ces lieux vous baniſſent

MYRRINE, ET LES AMAZONES ſauvages.

Qu'ils ſoient enchaînés, qu'ils périſſent !
Frapons : qu'ils tombent ſous nos coups.

OSIRIS.

Que vous connoiſſez mal le pouvoir de vos charmes!
Eh ! Pourquoi recourir aux armes,

Pour nous donner des fers ?
La beauté fait votre partage,
Pour nos cœurs vous êtes l'image
Des Dieux qu'adore l'univers.

Volez, volez à la victoire,
L'Amour & la Gloire
Offrent à vos attraits un triomphe plus doux.

Volez, volez à la victoire,
Laiſſez regner l'Amour, l'univers eſt à vous.

ORTHESIE.

Aux douceurs d'un frivole hommage,
Nous ſavons préferer une noble fierté.

Nous trouvons en ce lieu ſauvage,
La Gloire dans notre courage,
Et le bonheur dans notre liberté.

Je vois tes ſoins comme un outrage,
Mon peuple avec moi le partage,
Qu'eſpere-tu de ta témerité ?

Nous trouvons, *&c.*

Va, crains la mort, ou l'eſclavage.

OSIRIS.

Je guide un peuple génereux
Qui, ſans la redouter, fuit l'horreur de la guerre.
Il met tout ſon bonheur à faire des heureux.
Son art, cher aux Humains, orne, enrichit la terre;
Il la rend par ſes ſoins, la rivale des cieux.
Partagez avec nous ſes bienfaits précieux.

ORTHESIE.

Qu'importent ces faux biens au cœur qui les ignore.
Crois-tu par leur appas déſarmer nos rigueurs ?

OSIRIS.

Amour, tu peux fléchir les plus ſauvages cœurs.
C'eſt pour ta gloire, Amour, qu'aujourd'hui je t'implore. *à ſa ſuite.*
Vous qui ſuivez mes pas, offrez à leurs regards
Les préſens de Cerès, de Pomone & de Flore,
Et les fruits aimables des Arts.

PREMIER BALLET FIGURÉ.

Trois differens Quadrilles repreſentans le Printems, *l'*Eté, * *&* *l'*Automne, *offrent à* ORTHESIE, *toutes les eſpeces de fleurs & de fruits.*

Ces trois troupes ſe perdent ſucceſſivement dans les rangs des Amazones ſauvages. MYRRINE *ſuit la premiere.*

* Les Satires de la ſuite d'OSIRIS repreſentent l'Automne.

SCENE III.

OSIRIS, ORTHESIE, SUITE D'OSIRIS. SUITE D'ORTHESIE, EGYPTIENS ET EGYPTIENNES reprefentans les Saifons.

CHŒUR D'AMAZONES SAUVAGES après le Ballet.

QUels doux parfums, quelles vives couleurs !

OSIRIS, A ORTHESIE.

Dans ces lieux la naiffante Aurore
Répandra-t'elle en vain fes pleurs ?
Zéphire, pour fixer fes volages ardeurs,
N'y trouvera-t'il jamais Flore ?

Ce n'eft que pour parer l'amante qu'il adore,
Que fon fouffle amoureux fait éclore les fleurs.

SCENE IV.

MYRRINE, & les Acteurs de la Scene précédente.

MYRRINE,

AUX AMAZONES.

Peuple leger, ton cœur cesse d'être inflexible.

A ORTHESIE.

Une indigne pitié suspend votre courroux.
Ah! Dussai-je périr, je cours, s'il est possible,
D'un piége trop fatal vous sauver malgré vous.

MYRRINE sort par le fond du théâtre.

SCENE V.

LES MUSES de la suite d'OSIRIS, & les Acteurs de la Scene précédente.

SECOND BALLET FIGURÉ.

Les MUSES de la suite D'OSIRIS, après avoir offert à ORTHESIE tout ce que les Arts ont inventé de rare & d'agréable, se réunissent avec les Egyptiens & Egyptiennes du premier Ballet, *pour élever de riches berceaux de fleurs des deux côtés du théâtre. Ces berceaux aboutissent*

aboutiſſent dans le fond à un Salon de fleurs & de verdure : Il eſt percé à jour, & les rameaux qui le forment ſont chargés de toute ſorte de fruits.

Toutes les Amazones ſauvages que la crainte avoit tenues éloignées, accourent à ce Spectacle, & rempliſſent ce côté du théâtre. Elles portent un javelot d'une main ; elles tiennent de l'autre, des fleurs & des fruits dont les Acteurs du Ballet étoient chargés, & qu'ils ont abandonnés à ce Peuple ſauvage.

CHŒUR D'AMAZONES SAUVAGES.

QUels objets enchanteurs ! Quels charmes inconnus !
Un Dieu ſeul a pû les produire.

ORTHESIE, à part.

Ils m'étonnent, ſans me ſéduire,
Et je ne crains que ſes vertus.

Les Acteurs du Ballet ſortent.

SCENE VI.

OSIRIS, ORTHESIE, & leur SUITE.

OSIRIS, en approchant d'ORTHESIE.

VOtre peuple, qu'inſtruit la voix de la nature,
Semble oublier les ſermens qu'il a faits.

ORTHESIE en réflexion.

Ciel! Suſpendre nos coups, eſt peut-être un parjure.

OSIRIS.

Ces barbares ſermens offenſent vos attraits,
Et ſont pour les Dieux une injure.

Les Dieux ne nous donnent le jour
Que pour nous voir unis par les plus douces chaînes.
Ces nœuds charmans adouciſſent les peines,
Et du plaiſir qui fuit, aſſurent le retour....

ORTHESIE.

Aux accens d'une voix ſi tendre,
Le charme qui vient me ſaiſir
Dans les airs ſemble ſe répandre.
Aux accens d'une voix ſi tendre,
On croit reſpirer le plaiſir...

Quelle foibleſſe ! O ciel !... Hâte toi de partir,
* Ou ſonge à te défendre.

OSIRIS.

** Non, frappez, ou ceſſez enfin de me haïr.

CHŒUR de la ſuite D'OSIRIS.

A l'Amour tout doit rendre hommage
Les plaiſirs, le bonheur ſont le prix de nos vœux.

ORTHESIE.

Le trouble que je ſens ſeroit-il ſon ouvrage !
Eh ! Quel eſt donc ce Dieu qu'on ignore en ces lieux?

OSIRIS.

Il regne en Souverain ſur toute la Nature,
Elle ſe ranime à ſa voix,
Les jours ſont plus ſerains, l'onde devient plus pure,
Mille charmans Concerts font retentir les bois,
Les fleurs naiſſent, les champs ſe parent de verdure:
Pour embellir la terre, il lui donne des loix.

On entend un bruit de guerre ſauvage. On voit ſortir des cavernes du fonds du théâtre, & paroître au ſommet des rochers, une troupe d'Amazones ſauvages conduite par Myrrine.

* En levant le bras pour frapper OSIRIS.

** En s'offrant aux coups D'ORTHESIE.

SCENE VII.

OSIRIS, ORTHESIE, MYRRINE, & leurs Suites.

MYRRINE, & sa Suite fondant sur OSIRIS.

QUe notre ferment s'accompliſſe
Qu'Oſiris périſſe !
Vengeons nos Dieux irrités.

ORTHESIE qui ſe précipite entre OSIRIS *&* MYRRINE.

O Ciel !.. Barbares, arrêtez...
Obéiſſez à votre Reine.

MYRRINE, & ſa Suite.

Non, non, n'écoutons que la haine.
Vengeons nos Dieux irrités.

ORTHESIE.

Barbares, arrêtez,

A SA SUITE.

Accourez à la voix de votre Souveraine.
Defendez Oſiris de leur rage inhumaine.

OSIRIS, ORTHESIE, CHŒURS *de leur ſuite.*

Barbares, arrêtez,
Obéiſſez à votre Reine.

MYRRINE est envelopée par la suite d'OSIRIS & d'ORTHESIE.

ORTHESIE.

Qu'on la désarme, Qu'on l'enchaîne.

MYRRINE désarmée, à ORTHESIE.

Tu m'accables en vain, je suis libre & tu sers.
Va, ton injustice & mes fers
Sont moins à craindre que ta chaîne.

On l'emmene.

SCENE VIII.

OSIRIS, ORTHESIE, & leur suite.

OSIRIS.

Vous défendez des jours que j'offre à vos appas.
N'ayez plus d'allarmes.
Les Jeux & les Plaisirs qui marchent sur mes pas,
Contre vous sont nos seules armes.

ORTHESIE.

Eh! Que seroit sans toi l'appareil qui te suit?...
C'est à la main qui les conduit,
Que les plaisirs doivent leurs charmes.

OSIRIS.

Qu'entens-je?.. Je triomphe, & l'Amour est vainqueur.

ORTHESIE.

L'Amour en m'éclairant, commence mon bonheur.

OSIRIS.

Qu'à la voix d'Osiris ces Déserts s'embellissent.
Rochers affreux, disparoissez.
Volez, Zéphirs volez, aimables fleurs naissez.
Que pour s'aimer toujours nos deux Peuples s'unissent.

Le fonds du théâtre change, & représente une campagne fertile, chargée de moissons, de fleurs, & de fruits.
L'union des deux Peuples fait le sujet du dernier Divertissement.

ORTHESIE.

Heureux Oiseaux l'Amour embellit ces bocages :
Chantez son triomphe avec nous ;
A nos voix joignez vos ramages.

Si vos chants sont plus doux,
Nous serons moins volages
Et plus tendres que vous.

Heureux Oiseaux, &c.

L'entrée finit par une contre-danse générale sur le chant des Oiseaux.

FIN DE LA PREMIERE ENTRÉE.

SECONDE ENTRÉE

CANOPE.

ON célébroit en Egypte vers le Solſtice d'Eté, une Fête ſolemnelle en l'honneur du Dieu des Eaux. Ce jour de joie étoit enſanglanté par * le ſacrifice barbare d'une jeune Fille.

Les Hiſtoriens raportent que la célébre ville de Memphis fut ainſi nommée de la Fille du Roi, qui la bâtit, & les Egiptiens croïoient que cette Princeſſe avoit été aimée du Nil.** Ce Dieu étoit pour eux le plus redoutable. Ils penſoient ne devoir qu'à ſa puiſſance la fécondité ou la ſterilité de la terre. Il avoit d'ailleurs obtenu, *** par l'artifice de ſes Prêtres, la ſuperiorité ſur le Dieu même des Chaldéens, auquel toutes les idoles des autres Nations l'avoient cedée.

C'eſt ſur ces materiaux qu'on a imaginé cette Entrée. On a cru entrevoir dans ce fonds (s'il étoit bien traité) cet intérêt théatral qui remue le cœur, quelques-unes de ces ſituations prétieuſes qui donnent une libre carriere au génie du Muſicien, & un Spectacle d'autant plus agréable, qu'il n'eſt en partie, que l'image d'un des effets ſurprenans de la nature.

* On ignore quand & pourquoi cet horrible ſacrifice fut inſtitué. Les Auteurs ſe taiſent encore ſur le tems & ſur les motifs de ſon abolition.

** Il nâquit un fils de leurs amours, qui donna ſon nom à l'Egypte. Le Dieu du Fleuve après avoir ſucceſſivement porté pluſieurs noms differens, retint enfin celui de *Nil* de *Nilée*.

*** Ruffin, *Hiſt. Eccleſiaſt. liv.* 11. *chap.* 26.

ACTEURS CHANTANS.

CANOPE, *Dieu des Eaux*, Mr le Page.

AGERIS, *Dieu de sa Suite.* Mr De la Tour.

MEMPHIS, *jeune Nymphe*, Mlle Romainville.

LE GRAND-PRESTRE *du Dieu* CANOPE, Mr Albert.

DIEUX ET NAYADES.

EGYPTIENS.

EGYPTIENNES.

PERSONNAGES DANSANS.

SACRIFICATEURS.

Mr. LYONNOIS.

Mrs Laval, Matignon, Dumay, le Lievre, Hamoche, Feuillade.

PEUPLES DE LA SUITE DE CANOPE.

Mr. DUPRÉ.

Mrs Caillez, Mion, Laurent, Bourgeois.

Mlle. LYONNOIS.

Mlles Amedée, Devaux, Sauvage, Belnot, L. Belnot, C.

SECONDE

SECONDE ENTRÉE.

CANOPE.

Le théâtre représente un bocage sur les bords du fleuve ; on voit dans la perspective les cataractes, & la chaîne de Montagnes qui sépare l'Egypte de l'Ethiopie.

SCENE PREMIERE.

* CANOPE, AGERIS.

AGERIS.

Egypte dans ce jour croit vous rendre propice,
En offrant sur ces bords un nouveau sacrifice.
On choisit la victime, & le sang va couler.
Cette fête cruelle est pour vous un outrage,
La verrez-vous sans la troubler ?

* CANOPE porte un habit de simple Egyptien.

CANOPE.

Mon ame eſt toute entiere à l'objet qui m'engage.
L'Amour retient mon bras vengeur,
D'un vil peuple aveuglé, je dédaigne l'hommage,
Et je ne ſens que mon bonheur.

AGERIS.

Un Dieu qui ſoupire
Eſt sûr d'être écouté.
Dans ſon hommage la beauté
Trouve tout ce qu'elle déſire.

Un Dieu qui ſoupire
Eſt sûr d'être écouté.

CANOPE.

Juge mieux du beau feu que ma flâme a fait naître,
Memphis ne voit en moi qu'un mortel amoureux:
Sous le nom de Nilée, en m'offrant à ſes yeux,
Le Dieu ne s'eſt point fait connaître.

L'éclat de la Grandeur ſuprême
N'a point touché l'objet dont je ſuis enchanté,
L'éclat de la Grandeur ſuprême
N'a point ſéduit ſa vanité;
Quelle felicité!

Je ne dois ſon cœur qu'à moi-même.

Il eſt tems de me découvrir...
Elle vient, & je vais jouir
Du plaiſir de combler les vœux de ce que j'aime.

AGERIS ſort.

SCENE II.

CANOPE, MEMPHIS.

MEMPHIS.

AH! Nilée, eſt-ce vous? Je tremble, je frémis!..
Le ſort doit aujourd'hui déclarer la victime

CANOPE.

Ce Sacrifice n'eſt qu'un crime.

MEMPHIS.

L'Egypte le croit juſte, & le Ciel l'a permis.
Un Dieu terrible nous menace.
Je l'ai vû cette nuit... Ce ſouvenir me glace.

CANOPE.

Eſt-il des Dieux aſſez puiſſans,
Pour détruire un bonheur qu'avec vous je partage?

MEMPHIS.

Hélas! Un doux ſommeil avoit charmē mes ſens.
Autour de moi les ſonges bienfaiſans

Ne retraçoient que votre image...
Tout-à coup, le tonnerre éclate dans les airs,
La foudre perce le nuage..
Le Dieu s'offre à mes yeux précédé des éclairs.

Le croiriez-vous ? Ce Dieu barbare
Sembloit avoir pris tous vos traits.
Il approche. Mon cœur s'égare...
Je veux fuir... La frayeur de mon ame s'empare,
Et le réveil détruit ces terribles objets.

CANOPE.

Un Songe qui cause nos craintes
N'est souvent qu'un présage heureux.
L'instant, où nous croyons l'Amour sourd à nos plaintes,
Est l'instant qu'il choisit pour couronner nos feux.

Un Songe qui cause nos craintes.
N'est souvent qu'un présage heureux.
Connoissez votre Amant, & n'ayez plus d'allarmes...

CHŒUR *derriere le théâtre, dans l'eloignement.*

Quelle victime ! O ciel !... Malheureuse Memphis !...

MEMPHIS.

Nilée, entendez vous ces cris ?...

CHŒUR derriere le théâtre qui paroît s'approcher.

Dieu puiſſant, pardonne à nos larmes...
Quelle victime! O ciel! Malheureuſe Memphis.

CANOPE.

Juſtes Dieux! C'eſt ſon ſang qu'on oſeroit répandre!
Barbares!... C'eſt à moi, Memphis, à vous défendre.
Ce Peuple odieux va me voir.

Il ſort.

MEMPHIS qui le ſuit.

Où courez-vous? Hélas! Qu'oſez vous entreprendre?
Il va périr.. Nilée?.. Il ne peut plus m'entendre...
Rien ne manque à mon déſeſpoir.

SCENE III.

MEMPHIS.

VEille Amour, veille ſur les jours
Du fidele Amant que j'adore:
Vole Amour, vole à ſon ſecours,
C'eſt pour lui ſeul que je t'implore.

SCENE IV.

MEMPHIS, LE GRAND PRESTRE DU DIEU CANOPE, PRESTRES, PEUPLES D'EGYPTE.

LE GRAND PRESTRE.

JE gémis des rigueurs du ſort.
Memphis, l'Urne fatale a proſcrit votre vie.

MEMPHIS.

Si je la perds pour la Patrie.
Frappez, je ne crains point la mort.

BALLET FIGURÉ.

Les PRESTRES du Dieu CANOPE élévent ſur les bords du fleuve un autel de gazon, & y placent tout ce qui eſt neceſſaire pour le Sacrifice.

Les femmes Egyptiennes entourent MEMPHIS, & la parent de guirlandes de fleurs, en déplorant le malheur de la Victime.

HYMNE

AU DIEU DU FLEUVE.

LE GRAND-PRESTRE

Alternativement avec les CHŒURS.

DIeu bienfaiſant, puiſſent tes eaux fécondes
Se répandre à jamais dans ces climats ſerains.*
L'Aſtre du jour, ſi tu ne le ſecondes,
Fait en vain ſur nos champs briller ſes feux divins.
L'abondance ne ſuit que le cours de tes ondes
Tu tiens dans tes grottes profondes.
Les tréſors de la terre & le ſort des humains.

* Te propter nullos tellus tua poſtulas Imbres,
Arida nec pluvio ſuplicat herba Jovi. *Tib. Eleg.* 8. *du Liv.* 1.

SCENE V.

On place la Victime sur l'autel. Le Grand-Prêtre saisit le coûteau sacre. Il leve le bras.... Tout-à-coup le ciel s'obscurcit : Il part des cataractes, & du milieu du fleuve des éclats pareils à ceux du tonnerre. Les flots se soulevent, & forment un débordement formidable.

On voit le Dieu sur un char traîné par des crocodiles s'élancer du haut des cataractes, jusqu'au milieu du fleuve. Il est entouré de toute sa Cour.

LE DIEU CANOPE, sa Suite au milieu du Fleuve,
MEMPHIS évanouie sur l'autel,
LE GRAND-PRESTRE.
PRESTRES, PEUPLES D'EGYPTE.

CANOPE,
Alternativement avec sa Suite.

IMpetueux torrens,
D'un Dieu vengeur signalez la colere.
Que la mort pour punir la terre,
Vole sur les aîles des vents.

LE GRAND-PRESTRE avec les PRESTRES & les PEUPLES.

CIel ! O ciel ! Quels débordemens !
Tout périt. Dieu terrible, apaise ta colere,
Ecoute nos gémissemens.

CANOPE

CANOPE, au milieu du fleuve.

Peuple aveugle, peut-on m'honorer par un crime!
N'apprendras-tu jamais à connoître les Dieux?
Fuis & respecte la victime.
Entraîne loin de moi tes Prêtres odieux.

CHŒUR DE PRESTRES ET DE PEUPLES.

Fuyons tous, fuyons tous.

Les PRESTRES & le PEUPLE fuyent, la suite de CANOPE descend sous les eaux, les flots se retirent.

SCENE VI.

CANOPE, MEMPHIS évanouie sur l'Autel.

CANOPE.

Quel spectacle touchant pour une ame sensible!
Il descend du char.
Belle Memphis, le ciel, l'onde, tout est paisible.
Un Dieu qui vous adore embrasse vos genoux.

MEMPHIS.

Quelle voix au jour me rapelle?...
Où suis-je!..Cher Nilée.. Ah! Quelle erreur cruelle?..
Songe terrible! Helas!.. Ciel! en qui m'offrez-vous
Des sons, & des rapports si doux!

CANOPE.

Memphis, n'en doutez point, c'eſt votre amant lui-
même.

MEMPHIS.

Vous trompez mes regards, ſans ſurprendre mon
cœur...
Ah! Je ne vois qu'un Dieu qui comble ma terreur,
Sous les traits de l'amant que j'aime.

Dieu redoutable, hélas! Laiſſez-vous déſarmer;
Ne le puniſſez pas d'avoir charmé mon ame.
Tout doit vous attendrir en faveur de ma flâme,
Par vous-même cent fois j'ai juré de l'aimer...

Cher Amant, je ſerai fidele,
Dût le ciel en courroux m'accabler de tourmens:
A la face du Dieu qui reçut mes ſermens,
Ma flâme te les renouvelle.

CANOPE.

Vous pénétrez mon cœur de plaiſir & d'amour.
Une erreur trop long-tems a cauſé vos allarmes.
Je vous vis ſur ces bords, je brulai pour vos charmes;
Sous le nom d'un mortel, j'eſperai qu'à mon tour...

MEMPHIS.

Qu'entens-je! O ciel! Quel heureux jour!

Mon cœur parloit en vain, & je n'ofois le croire.

ENSEMBLE.

Vous m'aimez, je n'en puis douter.
Quel bonheur ! Quelle gloire !
Tout ce qui pouvoit me flatter
Embellit ma victoire.

MEMPHIS.

Croyez-vous que j'oublie un peuple malheureux,
Lorfque mon bonheur eft extrême ?
Je dois jouir du bien fuprême,
De porter jufqu'à vous fon encens, & fes vœux.

CANOPE.

Amour ! Ah ! De quel cœur m'as-tu rendu le maître !
Memphis, vous allez me connaître.
Tout va fe reffentir du bonheur de mes feux.
Ce n'eft qu'en faifant des heureux
Que l'on peut meriter de l'être.

Vous qui m'obéiffez, accourez à ma voix,
Venez, chantez mes feux, & célébrez mon choix.
Et vous Peuples, ceffez de craindre ma colere.
Venez, accourez à ma voix :
Nilée à Memphis à fçu plaire ;
Sous ce nom déformais, je vous donne des loix.

SCENE VII.

Le Dieu CANOPE, MEMPHIS, DIEUX ET NAYADES du Fleuve, Peuples Egyptiens qui forment le Divertiſſement.

Entrée de la ſuite de CANOPE.

CANOPE, MEMPHIS.

TEndre Amour, dans tes chaînes,
s'il en coute des ſoupirs,
Tu répans ſur les peines
Tous les attraits des plaiſirs.
Les langueurs,
Et les pleurs
Conduiſent aux faveurs.

Les amours
Font toujours
Le charme des beaux jours.

CHŒUR. *On danſe.*

Tendre amour, &c.

UNE EGYPTIENNE.

Amour, lance tes traits, fais triompher tes feux;
Pour le bonheur du monde aſſure ta victoire.

On voit toujours regner les plaiſirs & les jeux,
La paix, l'abondance & la gloire
Sous les loix d'un amant heureux.
Amour lance tes traits, &c.

FIN DE LA SECONDE ENTRÉE.

TROISIEME ENTRÉE

ARUERIS OU LES ISIES.

ARUERIS, reconnu chez les Egyptiens pour le Dieu des Arts, étoit fils D'OSIRIS & D'ISIS. Plutarque, qui rapporte sa naissance extraordinaire, dit que ce Dieu fut le modele sur lequel les Grecs firent leur Apollon.

Les Isies ou *Isiennes* étoient des Fêtes célébres instituées en l'honneur de la Déesse ISIS, que les Egyptiens honoroient comme la Déesse universelle. * Les Historiens parlent de cette solemnité d'une maniere peu avantageuse. Cependant les Egyptiens passoient pour le peuple le plus sage de la terre, & les Prêtres d'Isis étoient, selon Diodore & Plutarque, des Philosophes extrêmement rigides. Ces Fêtes au reste, étoient *un mystere impénétrable.* Pausanias raconte qu'un homme de Copte mourut subitement pour avoir voulu en révéler les secrets. Ces particularités ont fait présumer que dans leur institution, elles étoient telles à peu-près qu'on les a mises en scene. Les reproches des Historiens ne tombent, sans doute, que sur les abus qui s'y étoient glissés depuis : Ne peuvent-ils pas corrompre les établissemens les plus respectables ?

* Elien, Hist. des Animaux, Liv. 10. Chap. 23. Apulée, Liv. 11. de ses Métam.

ACTEURS CHANTANS.

ARUERIS, *Dieu des Arts*,	Mr Jeliote.
ORIE, *jeune Nymphe*,	Mlle. Fel.
UN EGYPTIEN,	Mr Person.
UN BERGER EGYPTIEN,	M. Poirier.
UN TROISIÉME EGYPTIEN,	Mr Lamarre.
UNE BERGERE EGYPTIENNE.	Mlle Coupée.
UNE EGYPTIENNE,	Mlle. d'Aliére.

PERSONNAGES DANSANS.

PAS DE CINQ.

Mlles. CAMARGO, DALLEMAND.

Mrs LANY, DUMOULIN, TESSIER.

Mlle Puvignée F.

Mlle Lyonois.

M Device.

Mrs Laval, Hamoche;

Mlles St. Germain, Courcelles;

Mrs Caillez, Feuillade;

Mlles Thiery, Puvignée;

Mrs Dumay, Dupré;

Mlles Desnoncourt, Minot.

TROISIEME ENTRÉE.

ARUERIS OU LES ISIES.

Le théâtre représente un amphithéâtre de verdure : A travers la colonade du fonds, on découvre une plaine fertile, coupée de bois, de prés, de ruisseaux, & bornée par des côteaux agréables.

SCENE PREMIERE.

ARUERIS.

LE bonheur de la Terre est le bien où j'aspire,
Les Talens vont prêter des charmes aux loisirs :
J'assure en fondant leur Empire,
Des armes à l'Amour, aux Mortels des plaisirs.

Le Dieu des Arts eſt l'apui de ta gloire
Tendre Amour, ſeconde ſes vœux.
Eclaire l'objet de mes feux,
L'erreur qui le ſéduit balance ma victoire;
Que ton flambeau brille à ſes yeux.

SCENE II.

ARUERIS, ORIE.

ORIE.

INgrat, pour les beaux arts votre amour ſe ſignale,
Dans les Jeux que vous ordonnés.
Le prix dont vous les couronnés
Ne m'annonce que trop une heureuſe rivale.

ARUERIS.

Les Talens à l'envi, par d'agréables jeux,
Vont célébrer d'Iſis la gloire & la naiſſance,
Et des vainqueurs, l'Amour doit couronner les vœux.
Je leur offre la récompenſe,
Qui peut ſeule être digne d'eux.
Les dons les plus brillans ſont votre heureux partage.
Dédaignez-vous le prix qui leur eſt préſenté?

ORIE.

ORIE.

Ces foibles dons ſur la beauté
Doivent-ils avoir l'avantage ?

ARUERIS.

A nos cœurs la beauté porte les premiers coups,
Son aimable empire ſur nous
Triomphe de l'indifference ;
Mais à des traits plus ſûrs & peut-être plus doux,
L'amour conſtant doit ſa puiſſance.

ORIE.

Eh ! Quels ſont ces traits précieux ?
Leur pouvoir doit me faire envie,
Puiſqu'ils ſont ſi chers à vos yeux.

ARUERIS.

L'art des talens, aimable Orie,
Bannit l'ennui de nos loiſirs.
Il faut, comme à la terre, à la plus belle vie,
Ces charmes variés d'où naiſſent les plaiſirs.
Cette plaine vaſte & feconde
Ne préſente à nos yeux qu'une froide beauté ;
Mais l'azur des cieux répeté
Dans le criſtal brillant de l'onde,
Les bois, les valons, les côteaux,
L'émail des fleurs, & la verdure
Rendent toujours riant, par leurs divers tableaux,
Le Spectacle de la nature.

ORIE.

L'Amour ſuffit aux cœurs qu'il ſait bien enflâmer.

ARUERIS.

Ah ! Je vous aime Orie, autant qu'on peut aimer...

ORIE.

De ces Jeux ſolemnels quel eſt donc le myſtere ?

ARUERIS.

Souvent la ſageſſe des Dieux
Cache le bien qu'elle veut faire
Sous un voile miſterieux.

ORIE.

Mais peut-être qu'aux loix d'un Vainqueur odieux...

ARUERIS.

N'en recevez que de vous-même.

Entrez dans la carriere, embeliſſez nos Jeux.

Le triomphe de ce que j'aime
Eſt le ſeul qui manque à mes vœux.

Entrez dans la carriere embeliſſez nos Jeux.

ORIE.

Je puis tout oſer pour vous plaire...
Ah ! C'eſt vainement que j'eſpere :
Mes Talens négligés doivent trop m'allarmer.

Hélas ! Quand leur secours me devient necessaire
Je n'ai plus que celui d'aimer.

ARUERIS.

C'est le plus enchanteur. Lui seul les fait tous naître.

Eh ! Que seroient les Talens sans l'Amour ?
Il les inspire, il les force à paroître,
Il leur prête ses traits, les place dans leur jour,
Et sa flâme est leur premier Maître.

On entend le Prélude de la Fête.

AORIE à part.

On vient. Triomphe Amour, dissipe son erreur.

ORIE sort.

SCENE III.

ARUERIS, EGYPTIENS chantans, danſans, & jouans de toutes ſortes d'inſtrumens.

Entrée d'Egyptiens et d'Egyptiennes, qui viennent diſputer le prix des Arts, & des Talens.

ARUERIS.

Vos plaiſirs, & votre allegreſſe
Sont pour Iſis l'encens le plus flatteur;
Que ſa gloire, & votre bonheur
Eclatent dans les Jeux que j'offre à la Déeſſe.

ARUERIS ſe place ſur un trône élevé ſur le devant du théâtre, & le Peuple ſur les gradins des deux Amphitéâtres. Les Joueurs d'inſtrumens ſont dans la Gallerie du fonds, & la Danſe par Quadrilles, occupe les deux côtés du théâtre.

HYMNE A ISIS, pour le prix de la Voix.

UN BERGER EGYPTIEN.

Brillez Sons enchanteurs, & volez juſqu'aux cieux:
De la divine Iſis célébrez la mémoire.

UN EGYPTIEN.

Que les échos de cet Empire heureux,
Retentiſſent de ſa gloire.

DEUX EGYPTIENNES.

Le bonheur régne, ou fuit au gré de ſes déſirs,
Elle rend la terre féconde.

UN EGYPTIEN & LES DEUX EGYPTIENNES.

Aquilons furieux, & vous tendres Zéphirs,
A ſa voix, vous volez ſur l'onde.

LES DEUX EGYPTIENS, ET LES DEUX EGYPTIENNES.

Elle donne aux Mortels la paix & les plaiſirs,
Des Dieux à l'Univers, & des Maîtres au Monde.

QUINQUE en aſſaut, ſur lequel les CHŒURS *reprennent.*

Brillés, Sons enchanteurs, & volez juſqu'aux cieux.
De la Divine Iſis, célebrez la mémoire.
Que les échos de cet empire heureux,
Retentiſſent de ſa gloire.

PREMIER BALLET FIGURÉ.

*Les Joueurs d'Inſtrumens diſputent par differens Airs, le prix de la Muſique.**

Et les Egyptiens danſans, diſputent ſur ces mêmes airs, le prix de la Danſe.

* Tous ces Airs ſont des aſſauts de divers Inſtrumens qui prennent les uns ſur les autres.

AIRS PARODIÉS DU BALLET,
pour la Dispute du Prix de la Voix.

UNE BERGERE EGYPTIENNE.

L'Amant que j'adore
Alloit former de nouveaux nœuds ;
J'entendis des oiseaux heureux,
Les chants amoureux
Au lever de l'aurore.

J'imitai leurs accens,
Mon Amant courut pour m'entendre,
Mes sons touchans
L'ont rendu fidele, & plus tendre,
Je dois mon bonheur à mes chants.

On continue le Ballet.

UN BERGER EGYPTIEN
Jouant de la Musette.

Ma Bergere fuyoit l'amour ;
Mais elle écoutoit ma musette.
Ma bouche discrette
Pour ma flâme parfaite,
N'osoit demander du retour.
Ma Bergere auroit craint l'amour ;
Mais je fis parler ma musette.

Ses ſons plus tendres chaque jour
Lui peignoient mon ardeur ſecrette :
Si ma bouche étoit muette,
Mes yeux s'expliquoient ſans détour.

Ma Bergere écouta l'amour,
Croyant écouter ma muſette.

Le Ballet continue. Il eſt interrompu par ORIE.

SCENE DERNIERE.

ARUERIS, ET ORIE.

ORIE.

Pour entendre ma voix, Peuple, ſuſpens tes Jeux.
Naiſſez du tranſport qui me preſſe,
Naiſſez Accens harmonieux.
Charmes du ſentiment, divine, & douce yvreſſe,
Paſſez dans mes chants amoureux.

Enchantez l'Amant que j'adore,
Sons touchans, ſecondés mes feux.
Allez juſqu'à ſon cœur, rendez plus tendre encore
L'amour qui brille dans ſes yeux.

Sons brillans, hâtez-vous d'éclore,
Volez, ſoyez l'image des Zéphirs.
Amuſez l'Amant que j'adore :
Volez, ſoyez l'image des Zéphirs.

Peignez le doux penchant qui les ramene à Flore,
Gardez-vous d'exprimer leurs volages ſoupirs.
Qu'à jamais mon Amant ignore
Si l'inconſtance a des plaiſirs.

TOUS LES CHŒURS.

Ciel, quels accens !...

LES CINQ qui ont diſputé le Prix de la Voix.

Triomphez, belle Orie.

TOUS.

Remportez le prix de la voix.

LES CINQ.

Loin de nos cœurs les tourmens de l'Envie,
L'amour ſeul nous donne des loix.

* *ARUERIS, avec LES CHŒURS & LES CINQ.*

Triomphez, belle Orie,
Remportez le prix de la Voix.

ARUERIS.

A l'objet de vos vœux vous allez-être unie,
Et ſa félicité ne dépend que de vous.

* Il donne à ORIE une Couronne de Mirthe.

ORIE.

O R I E.

A l'Amour je dois ma victoire.
C'est pour lui dans ces jeux que j'ai cherché la gloire,
Et c'est de votre main que j'attens un Epoux.

A R U E R I S, en lui offrant la main.

Je partage le prix d'un triomphe si doux !
Et vous Peuple aimable,
L'Himen va couronner vos efforts généreux.
Venez, qu'une chaîne durable
Vous unisse & vous rende heureux.

SECOND BALLET FIGURÉ.

Tous ceux qui ont disputé les differens Prix des Arts forment ce Ballet, ARUERIS ET ORIE les unissent à l'objet de leur tendresse.

U N E G Y P T I E N.

Belles, amusez vos amans
Vous les verrez toujours fideles.
Sur les pas des Talens,
Les plaisirs renaissans
Donnent aux nœuds les plus constans
Le charme des chaînes nouvelles.
Belles, amusez vos amans
Vous les verrez toujours fideles.

Les Graces triomphent du tems,
En fixant les Jeux auprès d'elles.

Belles, amusez vos amans
Vous les verrez toujours fidéles.

LE BALLET FIGURÉ continue.

ARUERIS, alternativement avec ORIE, ET LES CHŒURS.

Himen, c'est le jour de ta gloire,
Vole, allume tes feux au flambeau de l'Amour.
Qu'à jamais de cet heureux Jour
Les Jeux, & les Plaisirs consacrent la mémoire.
Himen, c'est le jour de ta gloire,
Vole, allume tes feux au flambeau de l'Amour.

FIN.

APPROBATION.

J'AI lû par ordre de Monseigneur le Chancelier, une réimpression du Ballet *des Fêtes de l'Himen & de l'Amour, ou les Dieux d'Egypte*, & je l'ai trouvé exactement conforme à l'Edition qui en a été faite par exprès commandement du Roy. A Versailles, ce 5 Octobre 1748.

DEMONCRIF.

PRIVILEGE DU ROY.

LOUIS par la grace de Dieu, Roy de France & de Navarre : A nos amés & feaux Conseillers, les Gens tenans nos Cours de Parlemens, Maîtres des Requêtes ordinaires de nôtre Hôtel, Grand'Conseil, Prevôt de Paris, Baillifs, Sénéchaux, leurs Lieutenans Civils, & autres nos Justiciers qu'il appartiendra, Salut. Nôtre très cher & bien amé le Sieur LOUIS-ARMAND EUGENE DE THURET, cy-devant Capitaine au Regiment de Picardie; Nous a fait représenter que, par Arrest de nôtre Conseil du 30 May 1733. Nous avons revoqué le Privilege qui avoit été accordé au Sieur le Comte & ses Associez, pour raison de l'Academie Royale de Musique, ses circonstances & dépendances, & rétabli ledit Privilege en faveur dudit Sieur Exposant, pour en joüir par lui, ses Associez. Cessionnaires & ayans-cause aux charges & conditions portées par ledit Arrest, pendant le temps & espace de vingt-neuf années, à compter du premier Avril de ladite année 1733 & que pour l'exploitation dudit Privilege, ledit Sieur Exposant se trouve obligé de faire imprimer & graver les Paroles & la Musique des Opera qui doivent être représentés; mais que pour cet effet il a besoin de notre Permission & des Lettres qu'il Nous a très humblement fait supplier de lui accorder. A CES CAUSES, voulant favorablement traiter ledit Exposant : Nous lui avons permis & permettons par ces Presentes de faire imprimer & graver *les Paroles & Musique des Opera, Ballets & Fêtes qui ont été ou qui seront repr-esentés par l'Academie Royale de Musique, tant séparément que conjointement* en tels Volumes; forme, marge, caractere, & autant de fois que bon lui semblera, & de les faire vendre & debiter par tout notre Royaume; pendant le temps de vingt-neuf années consecutives à compter du jour de la datte desdites Présentes. Faisons défenses à toutes personnes, de quelque qualité & condition qu'elles soient d'en introduire d'Impression ou Gravure Etrangere dans aucun lieu de notre obéissance: Comme aussi à tous Imprimeur, Libraire, Graveurs, Imprimeurs, Marchands en Taille-Douce, & autres de graver, ni faire graver, imprimer, ou faire imprimer, vendre, faire vendre, débiter ni contrefaire lesdites Impressions, Planches & Figures de Paroles, de Musique des Opera, Ballets & Fêtes, qui ont été ou qui seront representez par ladite Academie Royale de Musique, tant séparément que conjointement en tout ni en partie, sans la permission expresse & par écrit dudit Sieur Exposant, ou de ceux qui auront droit de lui; à peine de confiscation, tant des Planches & Figures, que des Exemplaires contrefaits & des Ustanciles qui auront servi à ladite contrefaçon, que Nous entendons être saisis en quelque lieu qu'ils soient trouvez; de dix mille livres d'amende contre chacun des Contrevenans, dont un tiers à Nous, un tiers à l'Hôtel-Dieu de Paris, l'autre tiers audit Sieur Exposant, & de tous dépens, dommages & interests, à la charge que ces Présentes seront enregistrées tout au long sur le Registre de la Communauté des Libraires & Imprimeurs de Paris, dans trois mois de la datte d'icelles; que la Gravure & Impression desdites Paroles & Opera sera faite dans notre Royaume & non ailleurs, en bon papier & beaux caracteres, conformément aux Reglemens de la Librairie, & notamment à celui du dix Avril 1725. & qu'avant de les exposer en vente les Manuscrits gravés ou imprimés seront remis dans le même état où les Approbations auront été données ès mains de notre très-cher & feal Chevalier Garde des Sceaux de France, le Sieur Chauvelin; & qu'il en sera ensuite remis deux Exemplaires de chacun dans notre Bibliotheque publique, un dans celle de notre Château du Louvre, & un dans celle de notre très-cher & feal Chevalier Garde des Sceaux de France, le Sieur Chauvelin: Le tout à peine de nullité des Présentes; Du contenu desquelles Vous mandons & enjoignons de faire joüir ledit Sieur Exposant, ou ses Ayants-cause, pleinement & paisiblement sans souffrir qu'il leur soit fait aucun trouble ou empêchement. Voulons que la Copie desdites Présentes, qui sera imprimée tout au long au commencement ou à la fin desdites Paroles ou Opera, soit tenue pour dûement signifiée; & qu'aux Copies collationnées par l'un de nos amés & feaux Confeillers & Secretaires, foy foit ajoûtée comme à l'Original. Commandons au premier notre Huiffier ou Sergent, de faire pour l'exécution d'icelles tous Actes requis & neceffaires, fans demander autre permiffion, & nonobftant Clameur de Haro Châtre Normande & Lettres à ce contraires. CAR tel eft nôtre plaifir. DONNÉ à Fontainebleau le douziéme jour de Novembre, l'An de Grace mil fept cent trente-quatre, & de notre Regne le vingtiéme : *Et plus bas*, Par le Roy en fon Confeil. *Signé* SAINSON, avec paraphe.

Regiftré fur le Regiftre VIII. de la Chambre Royale des Libraires & Imprimeurs de Paris, N. 797. fol. 779. conformément aux anciens Réglemens, confirmés par celui du 28 Février 1723. A Paris le 23 Novembre 1734.

G. MARTIN, *Syndic.*

De l'Imprimerie de la Veuve DELORMEL, & Fils, Imprimeur de l'Academie Royale de Mufique, ruë du Foin à Sainte Geneviéve. & à la Colombe Royale.

www.ingramcontent.com/pod-product-compliance
Lightning Source LLC
LaVergne TN
LVHW021709230826
846092LV00002BA/611

* 9 7 8 2 3 2 9 6 7 2 5 4 0 *